LA

DEUXIÈME CHAMBRE

CONDITION

D'ÉQUILIBRE CONSTITUTIONNEL ET DE SÉCURITÉ SOCIALE

PAR

Ad.-F. DE FONTPERTUIS

Extrait du Journal des Économistes
(Numéro du 15 mars 1873)

PARIS

GUILLAUMIN ET Cⁱᵉ, ÉDITEURS

Du Journal des Économistes, de la Collection des principaux Économistes, du Dictionnaire universel
du Commerce et de la Navigation, du Dictionnaire de l'Économie politique etc.

14, RUE RICHELIEU, 14

1873

LA DEUXIÈME CHAMBRE

CONDITION
D'ÉQUILIBRE CONSTITUTIONNEL ET DE SÉCURITÉ SOCIALE

Préjugés contre les deux Chambres.— I. Nécessité de scinder le pouvoir législatif pour le limiter ; opinions de B. de Constant, Delolme, John Adams, de M. Guizot, etc. — II. Le Sénat américain, l'ancienne Pairie française, la pairie britannique.— III. Quelles doivent être l'organisation et les attributions de la seconde Chambre et du Conseil d'Etat.

I

C'est une remarque de Rossi, dans son *Cours de droit constitutionnel* (1), que l'histoire nous montre les révolutions se faisant par le moyen d'une assemblée unique et se dénouant à l'aide de deux Chambres.

C'est ainsi qu'en Angleterre, la révolution de 1648 fut l'œuvre du long Parlement, et que celle de 1688 conserva le système de la double législature que la Restauration avait déjà remis en vigueur. De même en France, après la Constituante, la Législative et la Convention, on a eu les Cinq-Cents et le Conseil des Anciens ; puis le Sénat et le Corps Législatif, et pendant trente années, la Chambre des Députés et la Chambre des Pairs. Le législateur de 1848 commit la double faute de livrer aux masses la nomination du Président de la République et de laisser ce Président, qui devait être Louis-Napoléon Bonaparte, en présence d'une assemblée unique et investie de droits sans contrôle. Les hommes

---

(1) IV, 80° leçon. Paris, Guillaumin ; 4 vol. in-8.

prévoyants et sagaces n'eurent pas de peine à prédire alors ce qui allait s'ensuivre, ce qui s'en est suivi, en effet (1), et l'une des préoccupations les plus vives de l'heure actuelle est celle de savoir si la patrie française est menacée de subir des révolutions nouvelles, ou bien si elle trouvera dans une république, constituée sur des bases rationnelles et solides, ce port de salut qu'envisagent les esprits les plus droits, les plus sensés, les plus honnêtes, pour parler comme un éminent professeur (2).

Cette grave question des deux Chambres, M. le Président de la République l'a résolûment posée devant le pays et devant l'Assemblée nationale, et l'on sait quel froid accueil elle a obtenu, tout d'abord chez une commission déjà trop célèbre. Au sein du pays, la pensée de diviser la puissance législative en deux branches a rencontré plus de faveur, et même parmi les esprits qui la repoussaient absolument en 1848, il s'en trouve beaucoup que l'étude et l'expérience ont réconciliés avec elle. Toutefois, l'idée de créer une seconde Chambre continue d'inspirer des défiances, une sorte même de terreur à un certain nombre de républicains, à ceux surtout qui revendiquent le titre de *radicaux*, appellation assez mal choisie, disons-le en passant, puisqu'elle effraie les uns et ne laisse aux autres qu'une impression trop vague. A la vérité, ces défiances ne laisseraient pas d'être légitimes s'il s'agissait uniquement d'instituer une Chambre de *résistance*, ainsi que la qualifiait récemment un des Trente, plus ardent que sage. Elles s'expliqueraient encore si l'Assemblée nouvelle ne devait se recruter, comme M. Thiers l'a indiqué d'une façon très-malencontreuse et qui a trahi sa pensée, sans doute, parmi les anciens sénateurs et les anciens députés officiels, ou encore parmi les membres de la haute magistrature, telle que l'Empire l'avait façonnée. Nous avouons enfin sans peine qu'il nous déplairait fort que l'on tentât, sous prétexte de contrepoids à la démocratie, de glisser dans les institutions futures de la France un élément oligarchique ou aristocratique tout factice et partant fragile.

C'est ce que, sous la Restauration, les publicistes de l'école doctrinaire nommaient la balance des pouvoirs. On s'imaginait volon-

---

(1) V. entre autres la lettre de M. Edouard Laboulaye au général Cavaignac, dans la préface de son *Histoire politique des États-Unis*, et *les Considérations sur la Constitution* ainsi que la *Révision de la Constitution* du même publiciste.

(2) M. Lenient, professeur de poésie française à la Sorbonne, lors de son discours d'ouverture de 1872. (*Revue politique et littéraire*, 1er février 1873.)

tiers alors qu'en mêlant un peu de royauté, un peu d'aristocratie, un peu de démocratie, à doses à peu près égales, et en opposant ces éléments les uns aux autres, il était possile de composer un gouvernement viable, sans réfléchir que, dans une pareille machine, la pondération des forces, si elle avait pu être exacte, n'aurait abouti qu'à l'immobilité parfaite (1).

La vérité est, suivant le mot d'un Américain illustre, et dont nous aurons bientôt à invoquer le témoignage, que dans toute association d'êtres vivants, parmi les animaux comme parmi les hommes, il y a une grande question à décider : « C'est celle de « savoir qui sera le premier. Si, dans un État quelconque, cette « question reste indécise, elle pourra jeter infailliblement le dés- « ordre dans la société; quoi qu'il en devra coûter de sang et de « blessures, il faut qu'elle soit vidée. » Ainsi, en Angleterre, l'élément privilégié a conservé longtemps le dessus; sous les Georges, la bourgeoisie a grandi, et maintenant les masses font leur entrée sur la scène publique. Le vrai, l'unique pouvoir est la Chambre des Communes, qui relève du suffrage populaire, et la Chambre des Lords, la Haute Chambre, comme on disait jadis avec raison, et comme on dit encore par un reste d'habitude, ne vit plus que d'une vie affaiblie et languissante. Les impatients la frapperaient volontiers à l'instant de male mort, et si les autres la tolèrent pour quelque temps encore, c'est à condition que, dans ses derniers jours, elle se comporte en sage et discrète personne, qui parle peu et fait encore moins parler d'elle. Chez nous, *la démocratie coule à pleins bords ;* un royaliste célèbre le disait sous la Restauration même. Assurément il ne se contredirait pas aujourd'hui, et ce qu'il importe de faire, ce n'est pas d'opposer à ce grand courant des barrages éphémères, mais bien de lui creuser un lit large et profond. Mais s'il est certain que les sociétés humaines gravitent vers l'unité morale, la poursuivant jusqu'à ce qu'elles l'aient atteinte, et périssent si leur dessein reste impuissant, il n'est pas moins incontestable que cette unité, selon la forme et le corps qu'elle revêt, enfante tantôt la liberté, tantôt le despotisme. Que tous les pouvoirs se concentrent et que tous les droits se résument dans une force unique, Royauté ou Assemblée élue qu'importe, on a le despotisme; c'est la liberté, au contraire, si les organes de la vie publique sont multiples, et, tout en concourant au même but,

---

(1) C'est ce que de Sismondi avait très-bien vu. « Il faut que la machine fonctionne, » disait-il : « c'est la première des nécessités de l'ordre social... Il faut non la balance des forces, mais leur union. (*Études sur les constitutions des peuples libres,* introd. 38).

diffèrent dans l'impulsion qu'ils donnent et dans les attributions qu'ils exercent.

C'est en partant de cette donnée et à la lueur de ces principes, que nous allons rechercher les moyens de dédoubler la puissance législative, sans aboutir, soit à une superfétation, soit à une entrave, soit même à un danger.

II

« Une Assemblée qui ne peut être réprimée ni contenue est de toutes les puissances la plus aveugle dans ses mouvements, la plus incalculable dans ses résultats pour les membres mêmes qui la composent. Elle se précipite dans des excès qui, au premier coup d'œil, sembleraient s'exclure : une activité indiscrète sur tous les sujets, une multiplicité de lois sans mesure, le dépit que lui inspire la résistance qu'elle rencontre ou la censure qu'elle soupçonne ; alors l'opposition au sens national et l'obstination dans l'erreur ; tantôt l'esprit de parti qui ne laisse de choix qu'entre les extrêmes, tantôt l'esprit de corps qui ne donne de forces que pour usurper ; tour à tour la témérité ou l'indécision, la violence ou la fatigue, la complaisance pour un seul et la défiance contre tous, l'absence de toute responsabilité morale, la certitude d'échapper par le nombre à la honte de la lâcheté ou au péril de l'audace, tels sont les vices des Assemblées lorsqu'elles ne sont pas renfermées dans des limites qu'elles ne peuvent franchir. »

Ces paroles, qu'on croirait écrites d'hier, tant elles peignent d'un trait vif et fort un spectacle qui, depuis deux ans, se déroule sous nos yeux, ces paroles datent de 1829 et appartiennent à Benjamin de Constant (1). Lorsque l'autorité représentative demeure sans bornes, ajoutait-il, les représentants du peuple cessent de défendre la liberté pour prétendre à la tyrannie, « et quand la tyrannie est constituée, elle est d'autant plus affreuse, peut-être, que les tyrans sont plus nombreux. Sous une constitution dont la représentation nationale fait partie, la nation n'est libre que lorsque ses députés ont un frein. » On voit ce que cet esprit si pénétrant et si libre pensait de la fameuse théorie de l'omnipotence parlementaire, et ce tableau de ses excès réels ou possibles fait apprécier la sagesse dont les Américains ont fait preuve, quand, par une disposition constitutionnelle *ad hoc*, ils ont soustrait la liberté religieuse et la liberté de la presse, le droit de réunion et le droit de pétition aux entre-

_____

(1) *Cours de politique constitutionnelle*, avec introd. de M. Laboulaye, t. I, p. 31-32 (Paris, Guillaumin).

prises du Congrès (1) et surtout quand ils ont divisé l'exercice du
pouvoir législatif. Là et là seulement gît la solution du problème,
et Delolme, qui n'est pas moins net que Benjamin de Constant sur
la nécessité de limiter ce pouvoir (2), fait très-bien sentir l'impossibilité d'atteindre ce but, dans le système de l'Assemblée unique.
« Quelques lois, dit-il, que le pouvoir législatif fasse pour se limiter lui-même, elles ne sont jamais par rapport à lui que de simples
résolutions. Les points d'appui aux barrières qu'il voudrait se donner, portant sur lui et dans lui, ne sont pas des points d'appui. En
un mot, on trouve à arrêter la puissance législative lorsqu'elle est
une la même impossibilité qu'Archimède trouvait à mouvoir la
terre (3). »

Benjamin de Constant était un monarchiste constitutionnel, bien
qu'un amant, avant tout, des libertés publiques, et Delolme, s'il
était citoyen d'une république, mais d'une république aristocratique, admirait fort ces institutions anglaises, dont il s'était fait
l'interprète. A ces titres, le sentiment de ces deux publicistes peut
paraître suspect à cette classe de républicains, pour qui le *contrat
social* est demeuré un évangile politique et qui, dans l'histoire de
la Convention, ne savent pas faire la part de la grandeur patriotique
et celle de la fureur révolutionnaire, la part des conceptions géné-
reuses et celle des entraînements meurtriers. John Adams que l'on
va maintenant entendre, a été l'un des pères de la liberté américaine, l'un des fondateurs de ces institutions démocratiques, dont
le jeu ininterrompu pendant bientôt un siècle, démontre assez l'ha-
bile mécanisme et fait ressortir toute la valeur pratique. Lorsque
John Adams prit la plume, pour écrire sa *Defence of the constitutions
of government of the United States of America* (4), le Congrès américain ne se composait que d'une Chambre, et si onze États, lors
de la réforme de 1776, avaient conservé l'ancien système des deux
Chambres, la Géorgie et la Pennsylvanie avaient également tenté

(1) 1er amendement à la Constitution.

(2) Il est plus essentiel encore, selon Delolme, de limiter le pouvoir
législatif que l'exécutif : « l'un fait d'un coup, dit-il, ce que l'autre fait
« pas à pas. Les lois n'ayant besoin pour exister que de sa volonté,
« il peut aussi les anéantir par sa volonté, et si l'on veut me permettre
« l'expression, il change la constitution, comme Dieu créa la lumière. »

(3) *Constitution de l'Angleterre ou État du gouvernement anglais*, livre II,
chap. 111.

(4) Traduit en français par Sainte-Croix sous le titre de *Défense des
Constitutions américaines, ou de la nécessité d'une balance dans les pouvoirs
d'un État libre.*

l'expérience d'une Assemblée unique, la dernière de ces provinces
ayant cédé, paraît-il, à l'ascendant de Franklin, lequel au sein de
sa Convention compara une législature double à un chariot pourvu
de deux timons manœuvrant chacun dans un sens opposé (1).
Mais ni dans la Pennsylvanie, ou la Géorgie, ni dans le gouvernement de la Confédération elle-même, l'essai n'avait été heureux,
et John Adams pouvait joindre l'autorité des faits à celle des
théories, dans son ample et chaleureux plaidoyer en faveur des
législatures divisées. L'épigraphe du livre est un vers de Pope,
qui en révèle tout d'abord l'esprit :

> All nature's difference keeps all nature's peace ;

son appareil logique [entraîne la conviction, et, sous le rapport
historique, il semble avoir épuisé la matière. Adams invoque le
témoignage des cités grecques, de l'antique Rome et de Venise moderne, pour mettre en lumière les dangers de l'autorité *recueillie en
un centre*, comme s'exprimait notre grand Turgot, dans cette lettre
au Dr Price, où il trouve que les Américains ont trop imité les An
glais, et les loue de n'avoir pas du moins institué deux Chambres (2).
Chemin faisant il cite un passage très-sagace de Swift, bien que,

---

(1) Franklin, loin d'être hostile aux deux chambres, leur aurait été
favorable, si la version de son apologue que donne John Adams lui-
même était la véritable ; car alors, il eût comparé l'usage d'une double
assemblée à l'habitude, d'après lui fort judicieuse, qu'ont les charretiers
quand ils descendent une côte rapide, de dédoubler leur attelage et de
placer des chevaux à l'arrière de leur chariot, afin d'en modérer l'impulsion. M. Jared Sparks, l'excellent biographe de Franklin, rapporte
l'anecdote avec le sens que nous lui avons assigné, d'accord avec tous
les historiens américains. Jared Sparks ajoute que dans une autre circonstance, Franklin *illustra* le sujet par l'apologue du serpent à deux têtes :
« Cette bête, dit-il, était très-altérée et se rendait à un ruisseau pour y
« boire ; mais sur la route il y avait un buisson, à droite ou à gauche
« duquel il fallait nécessairement passer ; une des têtes du serpent vou-
« lait prendre à droite, l'autre s'entêtait à prendre à gauche. Pendant
« cette contestation et avant sa fin, le pauvre serpent eut le temps de
« crever. » (*Life of Franklin*, chap. IX.)

(2) Il est assez curieux de signaler la tyrannie des préjugés métaphy-
siques chez un esprit aussi vaste et aussi tempéré. Plus tard on verra
Condorcet se plaindre à Franklin d'une prétendue invasion de l'esprit
aristocratique parmi les Américains, et le duc de Larochefoucauld signaler à ce même Franklin les dangers de la disposition constitutionnelle qui a fait le président rééligible.

dit-il, on n'ait pas l'habitude de compter l'auteur du *Tonneau* et de *Gulliver* parmi les législateurs, à savoir que le pouvoir suprême est un dépôt trop important pour être confié à un seul homme où à une seule assemblée et qu'il faut le placer entre les mains d'un homme, de quelques-uns et de beaucoup : *unus, pauci, plurimi.* Il signale comme une erreur trop commune en politique l'oubli de ces précautions qui empêchent, quand on change de gouvernement, la tyrannie de passer de l'ancienne forme dans la nouvelle. Il établit enfin que le Chef du pouvoir exécutif, qui est placé en face d'une Assemblée unique, est réduit à la triste alternative de subir toutes ses fantaisies et d'exécuter tous ses caprices, ou bien d'employer contre elle ces moyens violents et illégaux, que la nécessité elle-même n'absout pas tout à fait et dont il est bien rare que la liberté tire quelque avantage (1).

Les idées d'Adams ne contribuèrent pas beaucoup à l'établissement du Sénat américain, puisqu'il ne faisait point partie de la Convention de 1787, et que cette Convention, qui a réglé le système politique des États-Unis, s'était déjà séparée quand son livre parut. Mais, au sein de la Convention, ces idées trouvèrent d'énergiques et puissants interprètes dans les Morris, les Hamilton, les Dickinson et les Madison. La seule question qu'on y posa, à vrai dire, fut celle de l'origine du Sénat et de son caractère, et il semble que les membres de la réunion étaient bien convaincus, pour se servir des expressions du savant commentateur de leur œuvre, que deux Chambres ne valaient pas mieux qu'une, en ce qui touche la liberté, la sécurité, la protection de la propriété et des droits personnels, si les deux branches de la législature étaient composées d'une façon identique, obéissaient au même esprit et suivaient les même impulsions (2). Aussi Gouverneur Morris, dont l'esprit était au fond plus brillant que solide et entaché de cynisme, exprima-t-il nettement l'opinion que le Sénat devait être composé exclusivement de gens riches et nommés à vie, sans s'effrayer le moins du monde de ce qu'un pouvoir ainsi constitué avait d'hostile au principe républicain et du mal qu'il pouvait lui faire. Une telle Assemblée,

----

(1) Un gouvernement, a dit à son tour M. Guizot, où une seule assemblée législative et le pouvoir exécutif soient demeurés distincts, conservant leur personnalité et se limitant réciproquement, c'est un phénomène sans exemple, dans l'antiquité, comme dans les temps modernes. (*Histoire des origines du gouvernement représentatif en Europe*, II, 18ᵉ leçon.)

(2) Story : *Commentaries on the constitution of the United States*, liv. III, chap. 10.

disait-il, sera nuisible. « Soit. Je le crois et je l'espère. Les riches
« s'évertueront à dominer le reste de la nation et à le mettre sous
« le joug ; c'est ce qu'ils ont toujours fait et ce qu'ils feront tou-
« jours. La vraie garantie à leur endroit est d'en faire une classe
« séparée, avec des intérêts séparés. De la sorte, les deux forces
« parviendront à s'équilibrer. » Hamilton, qui souhaitait pour
l'Amérique la transplantation, à peu d'exceptions près, des lois anglaises, Hamilton voulait aussi un Sénat viager et nommé par le
corps des francs-tenanciers, tandis que Madison et Dickinson se con-
tentaient d'une Assemblée fréquemment renouvelée, mais dont la
principale mission serait de représenter les intérêts de la grande propriété et ceux des États particuliers. Dickinson proposait donc de
faire élire le Sénat par les législatures locales, et ce fut l'opinion à
laquelle la Convention, après d'orageux débats, finit par se rallier.
Mais il restait à résoudre une question fort épineuse et qui allait
remettre en jeu les intérêts des grands États et ceux des petits,
dont la lutte avait été si vive quand il s'était agi de fixer le nombre
des représentants sur la base de la population. Ce n'était qu'avec la
plus vive répugnance que les représentants des petits États avaient
souscrit à cet arrangement ; à aucun prix, ils n'entendaient l'accepter pour l'élection des sénateurs, et, comme Dickinson le dit à
Madison, ils préféraient reprendre le joug de l'étranger que de passer sous celui des grands États par l'inégalité de représentation
dans les deux Chambres. Un premier vote l'ayant consacrée, l'irri-
tation fut telle, parmi les députés des petits États, que la Convention parut un instant sur le point de se dissoudre quand, par
bonheur, Franklin ouvrit la voie à une nouvelle transaction, en
proposant, ce qui fut adopté, que chaque État, quelle que fût sa
population, élirait deux sénateurs.

II

Alors que, suivant la remarque d'un historien illustre, aucune
combinaison politique, aucune idée de droit public n'a présidé à la
naissance de la Chambre des lords d'Angleterre, qui profitèrent
seulement de l'énorme supériorité de richesses et de crédit
qu'ils avaient sur les gens des communes, pour se séparer du parlement national et s'ériger en branche de législature distincte (1),
le Sénat américain reconnaît donc une origine cherchée, une
origine librement débattue. Des villes qui s'associent pour former
un État, mais en conservant la gestion souveraine de leurs affaires

____

(1) *Histoire des origines du gouvernement représentatif.* (II, 18e leçon.)

intérieures; des États qui se réunissent à leur tour pour constituer une nation, mais sans abandonner leurs lois et leurs institutions spéciales, sans renoncer à leur juridiction particulière, voilà l'évolution que manifeste l'histoire de l'Amérique septentrionale et le sujet d'étude, assez nouveau pour lui, qu'elle offre à un Français. Madison lui-même a pris soin de prémunir contre une erreur assez commune, disait-il. et qui consiste à regarder l'union à travers le milieu soit d'un État centralisé, soit d'un État absolument fédéral, le gouvernement américain n'étant ni centraliste, ni fédéral, mais bien un mélange de ces deux formes, et sa vraie caractéristique se trouvant à la fois dans son mode d'organisation territoriale et dans la division des pouvoirs entre les États considérés dans leur capacité collective et ces mêmes États envisagés dans leur capacité individuelle. En livrant la jeune République aux hasards de la guerre civile, en exposant la liberté américaine à devenir la proie d'un ambitieux quelconque, le législateur de 1787 aurait pu effacer, peut-être, ce trait profond et original. Il a mieux aimé, par l'institution du Sénat, lui donner une consécration nouvelle, et cette sagesse, jointe à l'exercice constant et viril de tous les droits civiques ou personnels, a eu pour récompense la prodigieuse croissance de cette société, qu'il faut laisser le soin d'expliquer par les instincts de race à cette école fataliste qui fait, comme nous l'avons dit nous-même ailleurs, de la liberté une question de géographie, et suivant les latitudes, la trouve excellente sur une rive de l'Atlantique et pernicieuse sur l'autre.

Au surplus, la Pairie britannique et le Sénat américain, tout dissemblables que leur origine et leur constitution les fassent, ont ce point de ressemblance que tous les deux représentent un élément qui possède sa racine dans l'histoire de l'un des pays et dans la disposition territoriale de l'autre. C'est une raison d'être et une bonne fortune qui ont également manqué au Sénat de nos deux Empires, de même qu'à la Chambre des pairs de notre Restauration et à celle du gouvernement de Juillet. Le roi Louis XVIII, qui était doué d'un vrai sens politique, s'était bien aperçu qu'une pairie héréditaire était l'annexe forcée d'une monarchie constitutionnelle, afin que la royauté fût couverte par son privilége et ne se trouvât jamais directement aux prises avec les prétentions ou les résistances populaires (1). Il avait donc entrepris de naturaliser cette

____

(1) C'était une conviction bien arrêtée chez B. de Constant, et c'est aussi la nôtre. Elle n'est point partagée par M. Hippolyte Passy, qui, dans son beau livre *Des formes de gouvernement et des lois qui les régissent*, que personne, quel que soit son drapeau politique, ne lira sans

institution chez nous, et l'on se souvient encore que la pairie française, composée en partie des célébrités militaires et administratives du premier Empire, en partie des plus grands seigneurs de l'ancien régime, rendit aux souverains restaurés l'insigne service de contenir parfois l'ardeur par trop fougueuse des *zelanti* du trône et de l'autel qui formaient la majorité de l'autre Chambre. Le malheur, pour la royauté fut que cette création venait trop tard; opportune en 1789 et peut-être susceptible alors de fournir une assez longue carrière, elle ne paraissait plus, trente ans plus tard, qu'un outrage à l'égalité civile, celle des conquêtes de la Révolution à laquelle les hommes de l'ancien tiers tenaient le plus à coup sûr. Aussi l'explosion de 1830 mit-elle au jour, vis-à-vis de la pairie héréditaire, des ressentiments presque aussi vifs qu'à l'endroit de la congrégation et des exigences insensées d'un sacerdoce aussi réfractaire à l'esprit moderne que peu soucieux des intérêts mêmes qui lui étaient confiés. Il fallut que le nouveau roi, malgré ses répugnances personnelles et celles de ses conseillers les plus sages, consentît à rendre cette institution viagère, ce qui la dénatura et lui ravit tout prestige et toute autorité. La Chambre des pairs d'alors renfermait certainement dans son sein une foule d'hommes éminents à divers titres, d'hommes capables et rompus au maniement des affaires, et les procès-verbaux de ses séances attestent qu'elle discutait les lois avec beaucoup de soin et de compétence. Toute la faveur du public, et ce qui était plus grave, toute son attention était réservée néanmoins à la Chambre élective, qui seule faisait et défaisait les ministres, qui seule possédait le privilége d'émouvoir le pays, de le courroucer ou de le satisfaire. On regardait faire celle qui siégeait au Luxembourg, sans rien attendre d'elle, comme sans en rien craindre. Privée de l'investiture élective, la pairie se sentait elle-même sans liens avec la nation, et même avec ce qu'on nommait alors assez singulièrement le pays légal, et ce qu'il eût fallu nommer la nation privilégiée. Simple démembrement

---

grand profit, tient même pour une grave erreur l'opinion suivant laquelle la monarchie ne pourrait ni s'établir, ni vivre sans la protection de classes investies de priviléges particuliers (chap. 19, p. 413). Quoique M. Passy ait confessé quelques pages plus bas la supériorité, au point de vue spéculatif, de la forme républicaine et les avantages qu'y trouve la dignité civique, il est resté pour son compte monarchiste, mais constitutionnel et très-constitutionnel, cela va sans dire. Au fond, nous estimerions la République actuelle fort heureuse, si elle n'avait que des adversaires faits à l'image de cet esprit si sincèrement libéral et si ouvert, de cette intelligence aussi vaste qu'honnête.

de l'autorité royale, elle restait sans force pour la protéger et sans
indépendance pour la contredire. Et si tel fut, si tel devait être, par
la fatalité de son origine, le rôle effacé et passif de cette Assemblée,
sous un régime entouré de garanties constitutionnelles, et livré aux
libres discussions de la presse, qu'attendre du Sénat qui prit sa
place, quand la nouvelle Constitution impériale n'eut laissé subsis-
ter qu'un pouvoir, eut asservi la presse et rendu la tribune muette?
quand, enfin, les premières places furent distribuées, dans ce
temple des lois, aux généraux, qui avaient tué la loi sur la place
publique, et aux légistes qui justifièrent le crime commis, après y
avoir convié par leurs sophismes?

En France, il y a eu des privilégiés et des courtisans; mais il n'y
a jamais eu d'aristocrates, et si l'aristocratie est une chose dont, à la
rigueur, on peut s'accommoder, tant bien que mal, lorsqu'elle existe,
ce n'en est point une dont il faille se faire cadeau pour le seul bonheur de l'avoir. Elle ne s'improvise d'ailleurs ni par édit royal, ni
par décret parlementaire. D'autre part, aucune comparaison n'est
possible entre nos départements, simples divisions administratives,
assez arbitrairement découpées sur la carte, par la volonté du législateur, simples parties d'un tout uniforme, et ces États de l'Union
américaine, dont le régime municipal n'est pas identique, dont les
lois civiles et même les lois criminelles diffèrent, dont les gouvernements possèdent, à part la limitation territoriale, un pouvoir supé-
rieur à celui du gouvernement fédéral, puisque celui-ci n'est investi
d'aucun droit qui ne lui ait été spécialement concédé, tandis que ceux-
là exercent tous les droits dont la généralité des habitants ne leur a
pas interdit l'usage. Que dans de pareilles conditions, et avec le dessein de sauvegarder une autonomie, qui était le fruit de diversités
nombreuses, race, religion, situation géographique, climat même,
ces États aient eu à cœur d'obtenir un organe particulièrement à
eux dans la représentation nationale, cela se conçoit aisément et
paraît naturel. Si nos anciennes provinces existaient encore; s'il y
avait toujours sur le sol français une Bretagne, une Auvergne, une
Provence, une Bourgogne, n'ayant pas perdu les quelques traits
distinctifs qu'elles gardaient à la veille de 1789, on concevrait,
peut-être, que l'on fît du futur Sénat le représentant particulier
de l'intérêt provincial et l'interprète attitré des besoins provinciaux.
Mais ces provinces sont mortes, bien mortes, et cet événement
n'est pas de date aussi récente qu'on le croit communément : il se
place sous le ministère du grand cardinal, à cette époque où les gen-
tilshommes qui commandaient les troupes royales campées sous les
murs de la Rochelle se disaient entre eux : « Vous verrez que nous
« serons assez simples pour prendre la ville! » Elles sont mortes,

et personne ne souhaite qu'elles ressuscitent, à part quelques hobereaux, attardés de plusieurs siècles, et quelques néo-fédéralistes, qui ont trop lu Proudhon.

Enfin, il n'est question pour personne, que nous sachions, de ressusciter soit le Sénat impérial, soit la Pairie de Louis-Philippe, et une seconde Chambre, élue de la même façon que l'autre, partageant avec elle la délibération et le vote des lois, ne paraît guère autre chose qu'une superfétation, qu'un rouage inutile, quand l'esprit de corps ne le rend pas embarrassant. Voyez ce qui s'est passé en Angleterre : Il y eut un temps où la Chambre haute était regardée, suivant une expression célèbre, comme un cénacle de dieux ; elle avait le grand ascendant de la richesse, que les lords étaient presque seuls à posséder alors ; elle réglait, en souveraine, la politique étrangère, et recueillait, en caressant les haines populaires, en ravissant le Canada à la France et en confisquant l'Inde, la popularité ainsi que les bénédictions du peuple anglais. Que le spectacle est changé ! et que dirait aujourd'hui le premier des Pitt de la situation abaissée de ce grand corps, lui qui trouvait que déjà de son temps, la Chambre haute commençait à *faire tapisserie ?* A l'heure actuelle, elle traîne une existence languissante, et les *Reviews* ne se contentent pas de rechercher dans son passé, pour les flétrir, les actes qui témoignent de son esprit étroit, sa connivence avec la religion d'État et la prérogative royale ; elles lui reprochent encore ce qu'autrefois on lui attribuait comme un mérite, c'est-à-dire les guerres contre la France et la lutte contre les colonies américaines insurgées (1). Son importance sociale est fortement entamée, et son importance politique presque réduite à néant. Les lois que la Chambre des communes a votées lui arrivent tardivement : elle les enregistre pour la plupart sans mot dire, et ne retrouve quelque énergie, quelque vitalité que pour opposer une mauvaise humeur impuissante à celles de ces lois qui choquent ses préjugés ou froissent ses intérêts. Pour galvaniser, comme on a dit, la Chambre des lords, il faut une de ces questions, le *Ballot Bill* ou l'*Irish Church Bill*, par exemple, qui mettent en feu ses passions héréditaires, et qui, en même temps, la compromettent davantage vis-à-vis du peuple. Le reste de son autorité se perd dans ces velléités d'une résistance que la force des choses et l'irrésistible courant des idées nouvelles ont rendue vaine par avance, et tout le monde,

---

(1) V. un article de la *Fortnightly Review*, cité et analysé dans le numéro du 13 février 1872 de la *Revue politique et littéraire*.

sur l'autre bord du canal, s'habitue peu à peu à l'idée qu'une assemblée pareille n'est plus qu'une gêne et un obstacle, sinon un péril.

III

La Pairie britannique, le Sénat américain, une seconde assemblée purement législative également écartés, l'une parce qu'elle se meurt sur son sol natal et qu'en France elle n'aurait pas la plus petite chance de vivre; le second parce que l'on manque ici de l'élément fédératif qui l'a engendré là-bas; la troisième, parce qu'en politique les créations inutiles deviennent forcément abusives, que reste-t-il donc de faisable?. Rien, ou bien un Sénat investi d'une fonction *sui generis*, un corps fait tout à la fois pour s'interposer entre le pouvoir exécutif et le pouvoir législatif, pour contenir l'un et tempérer l'autre, pour prévenir les chocs et régler les conflits; un corps destiné, en un mot, à servir de *balancier* à la machine constitutionnelle, comme le dit Story du sénat de son pays, mais par des moyens appropriés au génie des Français et à leur condition tant sociale que politique et territoriale.

Cette idée se trouve en germe dans la constitution dictatoriale de 1852. Ce n'est pas une raison suffisante pour qu'on la rejette bien loin, sans examen, d'une manière méprisante, et le fameux adage *Timeo Danaos et dona ferentes* a fait faire plus de sottises qu'il n'a inspiré de résolutions heureuses. Car, il n'est pas rare que les partis se trompent sur leur intérêt même : c'est ce qui arrive notamment aux monarchistes quand ils plaident en faveur des libertés locales, et aux républicains quand ils se font centralistes. Nous nous gardons bien, d'ailleurs, de prétendre que Louis-Napoléon Bonaparte soit tombé dans une méprise de cette espèce, quand il institua le second Sénat et qu'il lui donna pour mission à peu près unique de vérifier le caractère constitutionnel des lois rendues par le Corps législatif. Cet homme, d'ailleurs si profondément médiocre, avait le flair, si l'on peut ainsi dire, et l'instinct sûr de tout ce qui favorise l'établissement du despotisme ou lui promet de la durée. Il ne lui suffisait point de s'être attribué à lui seul l'initiative des lois, comme d'en avoir confié le vote à une assemblée dont ses préfets, qu'on nous passe l'expression, pétrissaient la pâte; il entendit encore se ménager, par le *veto* constitutionnel du Sénat, une dernière ressource contre la possibilité, quelque minime et tout improbable qu'elle fût, d'un accès de libéralisme au sein du Corps législatif. Prêter ces vues à Napoléon III, ce n'est pas, croyons-nous, calomnier sa mémoire, et, dans tous les cas, que le lecteur se remémore un mot piquant de la duchesse d'Abrantès, à savoir qu'on ne prête qu'aux riches.

Mais, si dans l'ensemble des institutions impériales, avec la nature et la composition de cette assemblée, qui lui ravissaient toute indépendance, la prérogative dévolue au Sénat de barrer la route aux violations du pacte constitutionnel ne pouvait être qu'un leurre ou une menace, avec un Sénat libre et responsable, elle prend une tout autre figure, et dans certains cas acquiert une très-haute importance. Une constitution n'est point un tabernacle auquel il soit interdit de toucher sans sacrilége. Comme pour toutes les œuvres humaines, l'expérience en est la pierre de touche, et si telle ou telle de ses dispositions a besoin de réformes, il est tout simple que cette réforme puisse s'accomplir, à son heure, sans secousse violente, par l'accord des pouvoirs publics et le jeu naturel des institutions. Ces institutions, en effet, qu'on appelle immuables, ce qui équivaut à dire qu'on les croit parfaites, sont très-sujettes à mourir de mort violente, entraînées, avec bien d'autres choses, par le flot des révolutions. Mais c'est au grand jour et dans l'esprit même des institutions qu'il faut alors y porter la main, afin non de les dénaturer mais de les rendre meilleures; et un législateur avisé, surtout s'il travaille pour un peuple d'esprit mobile et très-accessible aux entraînements les plus divers, prend ses mesures pour que son œuvre ne soit pas, à une heure donnée, corrompue dans son essence, voire démolie pièce à pièce par l'habileté captieuse ou la passion brutale d'une assemblée sans contrepoids et sans frein.

Dans ce même ordre d'idées, le nouveau Sénat deviendrait également le juge des décrets présidentiels, participant du caractère législatif et des règlements d'administration publique. A diverses époques, et principalement pendant les périodes dictatoriales de notre histoire révolutionnaire, le pouvoir exécutif s'est approprié des prérogatives qui lui sont restées depuis et qu'il a exercées sous la forme d'ordonnances ou de décrets, à peu près sans contrôle, du moins direct. Quant aux règlements d'administration publique rendus pour l'exécution des lois, l'un des fondateurs de la science du droit administratif en France faisait remarquer que les publicistes n'étaient pas encore bien fixés sur leur caractère. N'étaient-ils, au fond, que des actes du ministre responsable, ou étaient-ils davantage? Jusqu'où allait et où s'arrêtait leur force obligatoire? Pouvaient-ils remplir les lacunes de la loi, et quand celle-ci et le règlement se contredisent, qu'appliquer de la loi ou du règlement? Voilà les questions que M. de Cormenin se posait, en 1834, sans pouvoir les résoudre, et que, s'il vivait encore, il trouverait également incertaines en 1873. C'en est bien assez pour que ces règlements et les autres actes du pouvoir exécutif, qui empruntent l'appareil législatif et en possèdent la sanction, subissent le contrôle de l'assemblée gardienne de la loi et ne puissent circuler, sans avoir reçu son *exeat*, s'll est permis d'ainsi dire.

Il serait encore très-opportun de la constituer juge, soit d'office, soit sur la dénonciation des intéressés, de la légalité des décrets du pouvoir exécutif ou des arrêtés préfectoraux qui annulent, les uns certains actes des Assemblées de département, les autres certains actes des Assemblées municipales, et de lui attribuer, par la même voie et sous la même forme, la sanction définitive des arrêtés généraux de police pris par les préfets ou des arrêtés de police municipale. Les premiers relèvent aujourd'hui de l'autorité ministérielle, et les seconds, du moins s'ils revêtent un'caractère permanent, ne sont exécutoires qu'un mois après leur dépôt à la préfecture, et si dans cet intervalle ils n'ont pas été annulés pour illégalité ou excès de pouvoir. Les arrêtés généraux de police, émanés des préfets, subissent presque toujours, avant mise à exécution, le contrôle du ministre compétent, et nous ne faisons nulle difficulté de reconnaître que, dans les dix dernières années du second empire, la jurisprudence ministérielle, s'inspirant des traditions déjà anciennes du Conseil d'État, se montrait fort libérale. Mais, enfin, cette jurisprudence peut faillir ou se tromper, et il n'est pas sans intérêt que, dans un pareil cas, elle ne puisse prévaloir. Pour les règlements de police municipale, il faut en avoir lu, en avoir manié, pour bien se rendre compte de l'arbitraire qu'ils recèlent trop souvent et des violentes entorses qu'ils administrent à quelques-uns des principes, en apparence les mieux assis de notre droit public, et surtout au principe « que « toute personne qui acquitte ses impôts a le droit de se transpor- « ter partout où elle veut avec ses marchandises et de les vendre », pour emprunter le langage d'un des avis du Conseil d'État de la monarchie de juillet. Ici, un maire interdit aux regrattiers l'entrée du marché pendant les heures matinales; là, un autre défend de vendre ou d'acheter aucunes denrées ailleurs que sur le carreau des halles. Un troisième fait à tous vendeurs et acheteurs une obligation d'user du poids public, que la loi du 29 germinal an X n'impose qu'en cas de contestation seulement. La loi, sans doute, a réservé un double recours contre ces mesures illégales, en chargeant l'autorité judiciaire *de ne procurer l'exécution qu'aux seuls actes de l'autorité administrative légalement pris*, et en remettant aux préfets le droit que l'on a dit. Mais les juges de paix, dans les cantons ruraux tout au moins, n'ont guère souci de ce texte, et MM. les préfets, s'ils se montrent volontiers autocrates, se piquent en général très-peu de cultiver l'économie politique. D'ailleurs, l'examen des arrêtés de police municipale est fait dans leurs bureaux d'habitude ; et là, on craint de mécontenter le maire, si même on ne goûte fort des mesures capables, dans l'opinion des ménagères du lieu, d'empêcher le beurre d'enchérir et la volaille de devenir inabordable.

Peut-être l'occasion serait-elle bonne pour transférer au législateur, du moins d'une façon partielle, l'interprétation doctrinale de son œuvre, qui finalement est échue à la Cour suprême, de par la loi du 1er avril 1837, disposant qu'après deux arrêts ou jugements en dernier ressort dans la même cause, attaqués par les mêmes moyens et cassés pour les mêmes motifs, la Cour de cassation statue, toutes chambres réunies, et que sa décision a force de loi pour la troisième Cour ou le troisième tribunal, à qui la cause est renvoyée.

Le motif de cette disposition est manifeste : on n'a pas voulu que les causes pussent s'éterniser, et la fin en a été remise à une magistrature dont personne ne conteste la haute compétence, et n'est porté, en ce qui touche le droit civil ou le droit criminel, à suspecter l'impartialité. Ici, l'interprétation des lois, si elle peut être difficile et laborieuse, si elle requiert une pratique suivie et des connaissances particulières, n'est guère susceptible de recevoir le contre-coup de ces préjugés qui obscurcissent l'esprit, et de ces passions qui le troublent. Avec les lois politiques, le point de vue change, et les corps judiciaires, trop asservis à la lettre des textes, s'inspirant d'idées plus correctes qu'ouvertes, ne paraissent pas les meilleurs interprètes suprêmes des droits civiques et des garanties constitutionnelles. Le premier empire avait tranché la difficulté dans le sens le plus illibéral, en attribuant au Conseil d'Etat l'interprétation de la loi, par ce double et fallacieux motif que ce droit devait appartenir à l'autorité qui possédait l'initiative législative, et qu'une interprétation du Corps législatif, étant une loi elle-même, il y aurait rétroactivité, si on l'appliquait à une cause pendante. Mais la loi du 1er décembre 1790, qui a créé la Cour de cassation elle-même, et l'art. 256 de la Constitution de l'an III avaient posé un autre principe, celui de l'intervention du Corps législatif, et c'est à ce principe qu'il y a lieu, selon nous, de revenir en investissant le Sénat utur du droit de rendre des décrets interprétatifs des lois politiques, dans les cas prévus par la loi du 1er avril 1838.

Sur la question du règlement des *conflits*, c'est-à-dire des actes qui dessaisissent la juridiction civile au profit de la juridiction administrative, nous serons tout à fait affirmatif : c'est là une attribution qui, par sa nature et sa gravité même, revient essentiellement à une assemblée, dont la mission supérieure est de maintenir dans l'Etat l'ordre de ses institutions et l'harmonie de ses lois. Le conflit, à l'origine, n'a été qu'une arme que l'administration se donnait à elle-même, dans sa défiance des anciens corps judiciaires et pour les besoins d'une politique assez peu scrupuleuse dans le choix de ses moyens et la poursuite de ses buts. L'usage en devint, avec le temps, plus régulier et moins abusif ; mais quand tous les gouvernements qui se sont succédé depuis le commencement du siècle, à part celui de 1848, en maintenaient le règlement aux mains d'un Conseil d'Etat amovible, et qui n'exerçait qu'une juridiction *retenue,* comme dit la langue juridique, ils laissaient assez voir que le respect de la division fondamentale entre l'ordre judiciaire et l'ordre administratif n'était pas, tant s'en faut, leur préoccupation principale. La juridiction administrative compte aujourd'hui de nombreux adversaires, et ils peuvent appuyer leurs critiques d'une bien haute autorité, celle du feu duc de Broglie qui, dès 1828, en demandait la disparition. Cette autorité n'a point entraîné toutes les convictions néanmoins, et des esprits judicieux persistent à croire que supprimer cette juridiction ce serait jeter, sans bénéfice sérieux pour les justiciables, une perturbation profonde dans notre organisme politique, et qu'il suffit de conférer aux membres de ces tribunaux l'independance, et à ces tribunaux eux-mêmes le caractère vraiment juridique qu'on a jusqu'ici refusé aux uns et aux autres. Quel que soit le motif auquel ils doivent leur naissance, ils offrent, de même que les tribunaux consulaires et les conseils de prud'hommes, une saine application du grand principe de la division du travail, et, d'ailleurs des matières aussi complexes que les matières administratives, liées d'aussi près aux intérêts publics, veulent être réglées par des hommes familiers avec les nécessités administratives et sachant se dégager, au moins dans une certaine mesure, du point de vue qui préside particulièrement aux décisions judiciaires renfermées dans le cercle des intérêts individuels et des contestations privées. L'essentiel est de prévenir les envahissements redoutables de l'élément administratif, et sans contester le moins du monde le progrès réalisé par le rétablissement du *tribunal des conflits,* il semble que le maintien de l'ordre des juridictions est d'une importance assez grande pour ne dépendre que du législateur lui-même (1).

---

(1) Ce système, on le voit, réduit le Conseil d'État à ne plus être que le tribunal suprême du contentieux administratif. C'est assez et c'est beaucoup. Personne n'envisage avec plus d'espoir que nous-même le jour prochain qui affranchira l'individu et la commune des liens si étroitement serrés d'une tutelle à la fois tracassière et puérile. Mais alors, et plus que jamais, on aura besoin, suivant la remarque de M. Rodolphe Dareste, auteur d'un excellent écrit sur la matière, d'un tribunal

2

Qu'à ces attributions dont le caractère se définit de lui-même, on joigne le *veto* suspensif, la faculté de dissoudre l'autre chambre, le contrôle des affaires étrangères, et on aura l'ensemble des droits dont l'exercice nous paraît le lot naturel d'un pouvoir arbitral par essence, et qui doit fonctionner de façon à rassurer les intérêts conservateurs, sans causer de l'inquiétude aux aspirations progressives.

Inefficace ou dangereux (1) dans les mains du pouvoir exécutif, le droit de *veto* est très-bien placé dans celles d'une assemblée qui a pour mission de modérer tous les entraînements et de protéger toutes les situations. Dans ces conditions mêmes, il aurait, s'il était absolu, quelque chose d'excessif, comme déjà il offre en lui-mème une restriction grave, et qui doit partant rester d'un usage exceptionnel, aux volontés légalement exprimées des mandataires directs du pays. Voici donc de quelles formes nous entourerions son usage et quelles limites nous lui tracerions. Le Sénat, en examinant les lois qui lui seraient transmises par l'autre chambre, rechercherait leurs points selon lui dangereux, ou défectueux seulement. Il signalerait ces points et en demanderait la révision à l'autre branche de la législature. Alors, de deux choses l'une : ou celle-ci acquiescerait à cette invitation, et la loi n'aurait plus qu'à recevoir l'homologation constitutionnelle, ou bien elle s'y refuserait, et dans cette hypothèse, la seconde chambre aurait devant elle l'alternative ou d'accepter la loi telle qu'elle ou de la frapper d'un *veto* suspensif. Cette suspension pourrait être de trois mois au *minimum* et de six au *maximum*, sans que dans aucun cas la loi suspendue pût revenir devant l'assemblée dont elle émanerait pendant la session même où elle aurait été rendue. Enfin, il faudrait les deux tiers des votants pour donner force définitive à une loi ainsi contredite et ainsi entravée dans son cours naturel.

---

assez haut placé dans l'opinion publique pour qu'il puisse dominer les résistances de l'égoïsme privé et réprimer au besoin les tentatives de l'initiative individuelle sur l'intérêt commun.

(1) L'expression est de M. le comte de Carné dans un article consacré à notre situation générale (*Correspondant* du 25 janvier 1873). Je ne suis d'accord avec cet éminent publiciste ni sur l'avantage de faire élire la dernière chambre par les conseils généraux ni sur la convenance de tracer des catégories d'éligibles. Mais on aimerait fort à rencontrer chez tous les anciens monarchistes le sentiment qui fait dire à M. de Carné que nous serions coupables « de ne pas tirer le meilleur parti possible d'institutions *que nous sommes apparemment capables de supporter puisque la Providence nous les impose.* »

La langue n'a pas de mot, sans doute, qui résonne d'une manière plus désagréable que celui de dissolution aux oreilles d'une assemblée élective, quand ce parlement surtout a perdu l'amitié ou la confiance du pays, et que sa majorité est à peu près sûre d'être en grande masse la victime d'un scrutin nouveau. Avec sa finesse et sa pénétration ordinaires, Benjamin de Constant n'a pas craint toutefois de dire que, « sans la faculté de les dissoudre, 1 inviolabilité des assemblées n'est qu'une chimère, » et l'esprit se représente sans peine un certain nombre de circonstances où un chef d'État a pu ressentir la tentation presque irrésistible de balayer des Chambres dont il n'avait pas la ressource de se débarrasser d'une façon moins brutale. Attendre d'une Assemblée soi-disant souveraine qu'elle se porte complaisamment à elle-même le coup mortel, c'est nourrir des hommes en général, et des parlementaires en particulier, une idée bien favorable, et la vanité personnelle, dans de pareilles réunions, est trop la complice de la passion politique et des illusions plus ou moins involontaires que celle-ci suscite pour ne pas affaiblir, quand elle ne l'exclut point, les conseils du désintéressement et la voix du patriotisme. Toutefois en république, comme en monarchie constitutionnelle, la dissolution du Corps législatif paraît, en dehors des révolutions et des coups d'Etat, le seul moyen de terminer les conflits graves qui se seraient élevés entre la législature et le pouvoir exécutif. Mais sous le premier de ces régimes, la question de savoir à qui le droit de dissolution incombe est d'une nature assez délicate. Il répugne de le confier au chef du pouvoir exécutif, qui, en saine politique, doit recevoir son investiture du pouvoir législatif lui-même; et néanmoins, dans le système d'une assemblée unique, on ne voit pas d'autre procédé qui puisse prévenir des extrémités diverses, mais également redoutables. Y a-t-il deux chambres, et l'une est-elle investie d'un mandat de juridiction constitutionnelle, c'est à elle qu'échoit naturellement la mission de dénouer la lutte; c'est à elle de renvoyer les parties litigeantes devant le pays, leur vrai et seul juge, en dernier ressort et sans appel. C'est assez dire que le droit de dissolution devrait être épuisé par son premier exercice. Qu'on puisse, dans certaines circonstances, en appeler des mandataires de la nation à la nation elle-même, cela est utile, cela est indispensable. Mais quand la nation a prononcé, que faire, si l'on est vaincu, si ce n'est se résigner, et pour l'instant du moins renoncer à la lutte?

La constitution américaine réserve l'approbation des traités au Sénat seul, en exigeant de plus que cette approbation réunisse les deux tiers des votes exprimés. Par suite de cette clause, et le nom-

bre des sénateurs étant le même pour chaque État, qu'il compte
3,000,000 d'habitants comme le New-York, ou 195,000 comme
Rhode-Island, il peut arriver, lorsque le sénat est au complet,
qu'un traité soit rejeté par les votes des sénateurs d'États ne ren-
fermant que le douzième de la population totale de l'Union. On ne
peut pas dire qu'un pareil fait ait été cherché et désiré par le législateur de 1787; mais il l'a certainement prévu comme possible, et
il fait bien comprendre qu'en attribuant au Sénat le contrôle ex-
clusif des affaires étrangères, ce législateur est resté fidèle à la
pensée qui a fait naître le Sénat lui-même. Plus tard, il n'a pù
échapper à l'esprit si pratique des Américains du Nord, que la
politique étrangère, qui réclame des traditions, et les affaires di-
plomatiques, qui requièrent de la suite, ne gagneraient pas grand'-
chose à l'intervention de la branche de la législature la plus mobile
et la plus impressionnable. Par le vote des subsides qu'elle dépense
en souveraine, celle-ci garde d'ailleurs le pouvoir de prévenir ces
résolutions précipitées et ces coups de tête aveugles qui ruinent
un pays, qui l'ensanglantent, qui le précipitent du faîte de la grandeur dans la sujétion et l'impuissance. Et franchement est-il jamais
à craindre qu'elle reste dépourvue, parce qu'elle ne se mêle pas de
leur contrôle ordinaire, des moyens de faire prévaloir dans la di-
rection des affaires étrangères la volonté du pays?

IV

Confier à une assemblée la garde du pacte constitutionnel et lui
attribuer le contrôle législatif, c'est du même coup trancher, selon
nous, la question de son origine. Comprendrait-on qu'avec un
mandat de cet ordre, et des attributions de cette importance, elle
sortît d'un groupe privilégié d'électeurs, et ne pût ainsi exciper
que d'un titre moins général que celui de la chambre proprement
législative? Ce ne serait pas le moyen, à coup sûr, d'asseoir son
autorité sur des bases solides, et de vaincre les répugnances de
cette classe trop nombreuse encore de citoyens et de publicistes
qui continuent de voir dans cette institution uniquement une
source de conflits et une entrave à l'expansion normale des principes républicains, peut-être même une porte de derrière ménagée
au retour de la monarchie (1).

----

(1) Dans le projet de constitution qu'il a transmis à la Commission

Il faudra donc recourir au suffrage universel, et au suffrage universel direct, le suffrage à deux degrés étant de la part des démocrates l'objet de suspicions à notre sens peu justifiées, mais très-vivaces. Si ce dernier mode de votation eût été adopté en 1848, il eût, à n'en guère douter, porté le général Eugène Cavaignac au pouvoir, et donné dans la chambre une majorité imposante aux idées moyennes qui se personnifiaient à la fois dans des républicains de la veille, et d'anciens députés conquis par la République, tandis que les masses électorales ont acclamé Louis-Napoléon Bonaparte; et, quelque courte que soit notre mémoire, nous n'avons pas eu le temps encore d'oublier ce que ce vote nous a coûté. Quand, quelque jour, on cherchera pour le corps électoral une assiette définitive et une combinaison susceptible de le soustraire tant aux paniques qui l'entraînent vers la servitude qu'aux ignorances qui l'ont fait échouer sur le socialisme, on adoptera sans doute le vote à deux degrés. Aujourd'hui, il n'y a point lieu d'y songer, et lui attacher la marque de ce système, ce serait compromettre, d'une façon peut-être irremédiable, l'essai d'une institution à laquelle on doit, au contraire, faciliter la voie et rendre les débuts aussi aisés que possible.

Une autre question se présente, qui ne manque pas d'intérêt : c'est celle des conditions d'éligibilité, et on a proposé de faire des catégories dans le sein desquelles les électeurs seraient forcés de choisir. Nous avouons ne pas être sympathique à ce système (1); très-restreint, il imprimerait à l'institution un cachet oligarchique, et très-étendu il n'a plus beaucoup de raisons d'être. S'il fallait d'ailleurs choisir, on serait pour les catégories vastes et nombreuses et on rangerait parmi les éligibles les membres anciens ou actuels des conseils généraux et des conseils municipaux des chefs-lieux de départements et des villes de plus de vingt mille âmes; les membres de l'Institut

---

des Trente, M. le comte de Chambrun propose *une chambre haute* qui se recruterait elle-même sur la présentation du pouvoir exécutif, dont les membres serait inamovible et en nombre illimité. L'honorable député paraît être de ceux qui ont sincèrement sacrifié leur prédilection monarchique à la force de la situation. Mais sa chambre haute ressemblerait beaucoup à la chambre des pairs de Louis-Philippe, et celle-ci incomplète et vicieuse, en tant qu'institution monarchique, paraîtrait tout bonnement monstrueuse aux Américains du Nord.

(1) C'est aussi le sentiment de M. Ferdinand de Lasteyrie, et il l'a exprimé dans trois articles de l'*Opinion nationale* dont l'inspiration générale ressemble à celle de cette étude.

et des grandes associations agricoles ou scientifiques ; les professeurs de faculté ; les chefs des grandes exploitations agricoles ou industrielles ; les magistrats consulaires et les présidents de cours ; les maréchaux et les généraux divisionnaires, etc., etc. Mais une classification de cette nature offre toujours quelque chose d'arbitraire, de choquant même, et le mieux est de laisser l'électeur choisir où il veut et qui il veut, *spiritus flat ubi vult*, en se bornant à exiger que l'éligible ait un certain âge, quarante ans, par exemple, ce qui est une présomption, sinon une garantie de maturité morale, et en cherchant dans le nombre moindre de ses membres, dans son mandat plus long et dans son mode de renouvellement particulier, les autres traits distinctifs de l'Assemblée nouvelle.

La population étant la base de la représentation pour l'une des chambres, on pourrait négliger cet élément pour l'autre et décider que tout département enverrait deux représentants au futur Sénat, sauf à doubler ou tripler ce nombre, pour des motifs qui sautent aux yeux, dans le département de la Seine. Entre le département le plus peuplé, celui du Nord, et le moins peuplé, celui de la Lozère, l'écart de population n'est pas aussi grand qu'entre Rhode-Island et New-York, le Delaware et la Virginie, et la disposition dont il s'agit satisferait à l'élément départemental, dans la mesure de ce qui est légitime et faisable en France.

Quant à la durée du mandat, M. Pierre Lefranc, dans une spirituelle et vigoureuse brochure (1), dont la pensée même a fait dire à M. Laboulaye, prétend-on, que son auteur « *avait un peu oublié et beaucoup appris* », M. Pierre Lefranc a proposé neuf années, avec renouvellement triennal (2). Ces dispositions paraissent reproduites de l'ancienne législation sur les conseils départementaux et n'en sont pas plus mauvaises. Appliqué aux assemblées dont la mission est essentiellement active et militante, le renouvellement

---

(1) *Questions du jour* (Paris, Dentu). M. Lefranc propose d'*extraire* (c'est son mot) la deuxième chambre de la première, et c'est une idée à laquelle nous ne saurions souscrire. Si cette *extraction* avait pour effet d'introduire dans la seconde chambre les illustrations de la première, 'opération énerverait celle-ci, et en renversant l'hypothèse, on serait en face d'une seconde chambre déconsidérée d'avance et dès lors impuissante.

(2) Aux États-Unis le mandat sénatorial ne dure que six ans, et le renouvellement est bisannuel. Mais la chambre des représentants n'est élue que pour deux ans, et chez nous, tout le monde s'accorde à trouver qu'elle doit l'être pour trois ans au moins.

partiel a cet inconvénient de pouvoir désagréger les majorités ou
les scinder même en deux parties égales, de sorte qu'alors elles pié-
tineraient sur place et tourneraient sur elles-mêmes. Il vaut mieux
qu'elles disparaissent, comme elles naissent, tout d'une pièce;
cette évolution d'ailleurs est renfermée dans un court laps de
temps que la faculté de les dissoudre peut abréger encore. Quant
aux assemblées, dont le principal rôle est un rôle de règlement et
d'équilibre, il est bon qu'elles soient à la fois permanentes et temporaires; permanentes pour qu'elles se forment des traditions;
temporaires pour qu'elles ne se laissent pas envahir par la rou-
tine et ne restent pas fermées aux impressions changeantes de
l'esprit public et aux aspirations mobiles de la Société.

V

Un dernier mot avant de quitter la plume; ce sera, s'ils veulent
bien nous le permettre, un conseil à ceux des champions de la République qui se disposent, paraît-il, à combattre énergiquement le
système des deux chambres : ils feront bien avant de suivre ce dessein, de se donner le temps d'une réflexion froide. Comme eux, nous
tenons fort à ce qu'il sorte de la forme républicaine tout ce qu'on
est en droit d'en attendre et ce qu'elle est seule capable de donner;
en d'autres termes une liberté qui ne soit pas périlleuse et un ordre
qui ne soit pas superficiel, qu'il ne faille pas de temps à autre, res-
taurer par des proscriptions, de même qu'on l'a péniblement main-
tenu par des artifices. Comme eux nous avons à cœur le respect de
la liberté religieuse et de la liberté intellectuelle; comme eux nous
réclamons une Eglise et un Etat indépendants l'un de l'autre, un ensei-
gnement libre, des communes affranchies, une administration sim-
plifiée et réduite à son expression la plus concrète. Mais il nous
paraît certain qu'aucun pays n'a jamais pu se procurer ces bienfaits
d'une manière durable en méconnaissant les principes de la sagesse
politique, et en cherchant obstinément la liberté dans les voies qui
conduisent au despotisme tantôt tout droit, tantôt par le chemin
de traverse du désordre et de l'insécurité des intérêts ou des per-
sonnes.

Alea jacta est! dit un jour Lamartine dans une circonstance trop
mémorable. Quel mot et qu'il était peu digne de cette noble intelligence et de cette âme généreuse! Il n'y a que les aventuriers politiques qui jettent le dé: alors, comme César, ils franchissent le
Rubicon ou comme le second des Bonaparte, ils tendent à la liberté
une embuche nocturne. Parfois, pour parler encore en langage

métaphorique, les hommes d'Etat coupent le câble, et c'est ce qu'a fait M. Thiers dans son dernier et magnifique message. Mais auparavant, ils ont cherché à munir le vaisseau qui va se détacher du rivage de ses agrès, de ses voiles, de ses apparaux et à le mettre à même de braver, autant qu'il dépend de l'humaine sagesse, les tempêtes et les écueils dont sa route est parsemée.

ADALBERT FROUT DE FONTPERTUIS.

Paris. Typ. A. Parent, rue Monsieur-le-Prince, 31.